相談・指導のための
面接技法

［第２版］

橋本和幸 著

ムイスリ出版

はじめに

「アドバイスしたのに、全然言った通りにやってくれない」

このようなボヤキを思わず口にしたことはないでしょうか。

相談に乗ったり指導をしたりするときには、相手が変化するように助言をすることがあります。そこで、傍から見ていて気づいたことや、自分の経験により得た知識や技能を伝えてみます。しかし、相手は聞いてはいるようだけれども、実行する様子はありません…

なぜこういうことが起きるのでしょうか？

筆者が務めるカウンセラーという仕事でも、相談に来た人に対して助言をすることがあります。ただ、いきなり助言を始めるわけではなく、十分な準備をした後に助言をします。この準備にカウンセラーとしての技法が使われています。

この本では、カウンセラーが相談に来た人の話を聴いて、助言をするまでの手順を詳しく説明しています。ここで紹介している手順を用いてから助言をすると、相手は以前よりも話に耳を傾けてくれるようになるのではないかと期待しています。つまり、相手に「この人は信頼できる」と思われるような面接の仕方を紹介しています。

「自分はこうやってきたのだから」「こうやればうまくいくのに」「自分のときは成功した」などと、個人の価値観や信念だけで助言をすると、聞く側が理解や同意をできない話し手の独りよがりになる恐れがあります。

そこで、この本では支援を必要とする人のニーズを丁寧にくみ取りながら、ニーズに合った助言を見つけ出すプロセスを説明しています。

読者の皆さんには、本文に目を通したうえで、実際に体験して何か気づきを得てもらいたいと考えています。

2024 年 1 月

著者

目 次

第1章 面接を始める前に

1.1 面接の目的と準備

（1）面接は気づきを生む

人が変わるには、まず「気づき」が生まれることが必要です。その気づきが行動を生みます。そして、その行動によって気づきが生まれることもあります。また、気づきが思考と感情に影響を与え、その結果として行動が変化することもあります(図1. 1参照)。つまり、支援する相手の思考や感情に適切に働きかけることができれば、その支援が効果的なものになります。

そこで本書では、様々な立場で相談や指導という支援を行う人（支援者）が、支援を受ける相手（当事者）に働きかけるときに活かせる方法を、心理面接の理論や技法をもとに紹介していきます。

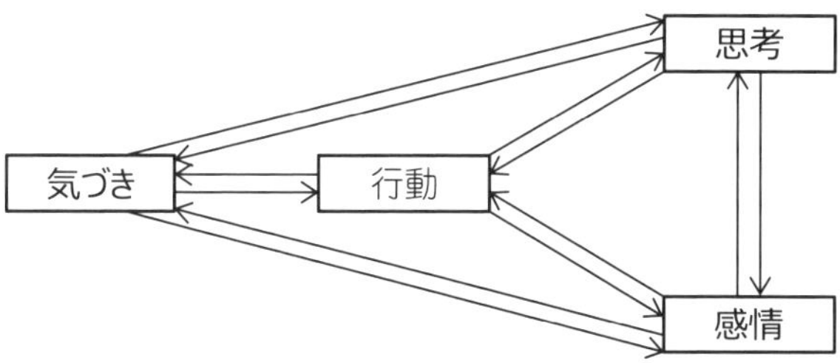

図1.1　気づきの効果

（2）面接の前に準備すること

面接を行うときには、ただ何となく話を始めるのではなく、意識して準備するべきことがあります。

具体的には、**①当事者との適切な距離**、**②支援者の態度**、**③コミュニケーションの工夫**の3点です。

1.2 当事者との適切な距離

（1）パーソナルスペース

支援を行うときには、そこに椅子と机があるから何となく座ってみた、ということではなく、支援者が当事者に合わせて適切な距離を取る工夫が必要です。

対人距離を説明するものに、**パーソナルスペース**（個体空間）という考え方があります。心理学者ソマーは、「人は自分の身体を中心にして、他者に対する心理的距離を反映した、目に見えない境界線に囲まれたパーソナルスペースを持っている」としました。文化人類学者のホールは相手との親密度によって、パーソナルスペースを次の4種類に分けました(Hall, 1966/1970)。

① 50cm以内　：親密な人（家族や恋人など）
② 50cm～1m　：親しく話ができる人（友人や親しい同僚など）
③ 1～3m　：さほど親しくない人（上司や先生など）
④ 3m以上　：全く知らない人

会話をする2人の親密度に見合った距離でないと、圧迫感やよそよそしさを覚えることになります。また、ソマーは、同じ距離ならば隣り合うよりも向かい合う方が会話をしやすいとしています(Sommer, 1969/1972)。

（2）接近と回避

当事者と支援者の距離は、面接の最中に伸び縮みすることがあります。家族療法家のラバーテは、支援者と当事者の距離について、**接近**と**回避**という概念で説明しています(国谷，1993)。

1）接近

接近は、話し相手に近づく行為で、相手への好意や善意を言外に表しています。支援者は、当事者に近づいて話をする接近を選択する人が多いようです。しかし、当事者にそれを受け入れる準備がない場合には、パーソナルスペースの圧迫と感じるかもしれません。

2）回避

回避は、話し相手から遠ざかる行為で、敵意や拒絶を言外に表しています。当事者が支援者に十分な信頼関係を持てないでいるときに起こります。一方、回避を選択する支援者もいます。例えば、面接時に当事者が前のめりになって話したり、指導やプレイセラピーの際に身体を寄せてきたりしたとします。これに対して、支援者の腰が引けて、のけぞったり距離を取ろうとしたりする行動は回避といえます。

回避は、当事者と一定の距離を取る慎重な対応ともいえますが、当事者によっては、支援者に拒絶されたととらえるかもしれません。そうなると、当事者が悲しみや怒りを覚えたりすることもあります。

（3）面接時の座り位置と話しやすさ

面接の際にどの席に座るかによって、支援者と当事者の親密度や関係に影響を与える可能性があります。図1.2の座り方には、それぞれ特徴があります。面接のときには、当事者にとって負担の少なく、支援者が**観察**（2.2節参照）を効果的に行えることが両立できる座り方を考える必要があります。ソマーの知見などを参考にすると、次のようにまとめられます(Sommer，1969/1972)。

1）真向かいに座る場合

真向かいに座ると、相手が観察しやすく距離も近いので、会話や同時作業がしやすく、交渉や競争などに向いています。しかし、面接のときには、率直な意見の披露とともに意見の対立を生むかもしれません。一方、当事者の真向かいに正対するように座ることで、誠意を示そうとする支援者もいます。

2）並んで座る場合

並んで座ると、距離が近いので、より親密になりたいときや、協力して何かするときには向いています。しかし、当事者の観察がしづらく、パーソナルスペースを圧迫する可能性があります。

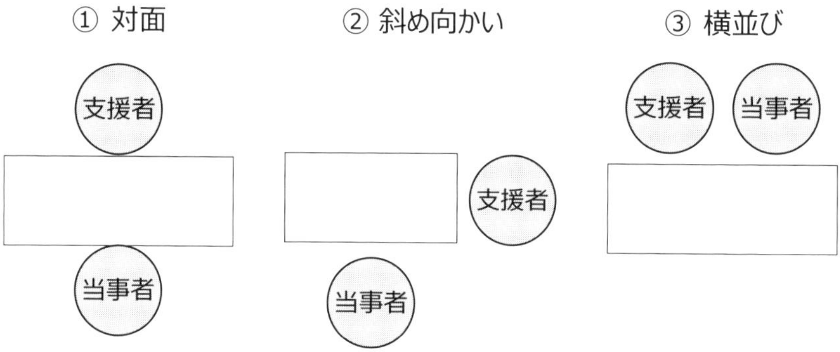

図1.2　座り位置の例①

3）斜め向かいに座る場合

斜め向かいに座ることは、前述の2つの座り方の中間的なものです。相手の様子はある程度観察できるうえに、視線をはずしても不自然ではないので、アイコンタクトのプレッシャーから逃れることができます。

4）結論

以上の3種類の座り方の長所と短所を踏まえて考えると、それぞれの長所を合わせる形で、図1.3のように正面に座りながらも少し斜めに座って面接を行うのが最善ではないかという結論になります。

この座り方は、心理的負担が少なく、相手と親しくなりやすいものです。このため、面接をしやすいと考えられます。

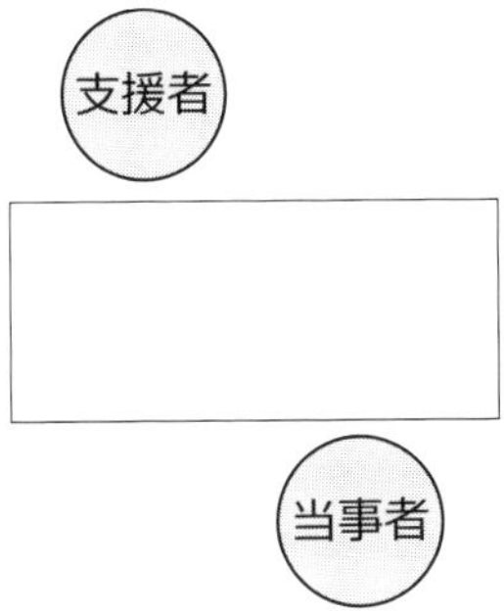

図1.3　座り位置の例②

エクササイズ１：適切な距離を体験する

国谷(1993)は、2人組で支援者役と当事者役とに分かれて、お互いに適切と考える距離を体験するエクササイズを提案しています。

① 当事者役に座っていてもらい、支援者役がそれに合わせて、自分が適切と思う距離と椅子の向きを決めます。
② その位置から、当事者役が椅子を動かして、適切と思う距離と座る向きを変えます。
③ 支援者役が適切と考える距離と、当事者役が望む距離のズレを体験します。

このエクササイズでは、相手との距離とともに、向き合う角度などにも注意します。

1.3 支援者の態度

支援者の態度は、当事者の態度や面接全体にも影響を与えます。そこで、この節では面接に影響する支援者の態度について説明します。そして、支援者はどのようなことに注意すれば良いかを紹介します。

（1）安定感を持つこと

相談や指導に対して当事者は様々な反応をします。肯定的な反応だけではなく、怒る、泣く、責める、無視など否定的な反応もあり得ます。支援者はこのような当事者の反応に巻き込まれて、感情的になったり動揺したり言い訳したりしないように気をつけないといけません。

支援者が安定していると当事者も安定します。しかし、支援者が安定しないと、当事者が混乱します。このため、支援者は、自分の態度を安定させる努力をする必要があります。例えば、支援者が安定しない理由には、**自尊感情**の低さが考えられます。

支援者が安定するための方法には、例えば**エクササイズ2**の安定感のワークがあります。このワークは、当事者に行わせても効果があります。

エクササイズ２：安定感のワーク

① 両足を床や地面に、つま先からかかとまでしっかりとつけます。
② いつもより少しだけ深めの腹式呼吸をするように心がけます。
③ 息を吸うと、ヘソの下3cmくらいにある丹田が安定するイメージを持ちます。
④ 息を吐くと、そのたびに肩の力が抜けるイメージを持ちます。
⑤ ③と④を自分のペースで繰り返します。

安定感を得るワークは、他に第4章で説明する**マインドフルネス**という方法もあります。

（2）自分なりのものの見方

自分なりのものの見方の枠組みをしっかりと持つことも安定を助けます。この枠組みはモラルや良識ともいいます。面接でうまくコミュニケーションが取れない場合には、相手とこの枠組みのあり方が異なっていたり、お互いに共通点が見出せなかったりすることがあります。

支援者が自分のものの見方を定めて揺れなければ、当事者が安定していなくても落ち着いて対応することができるでしょう。支援者がお手本になって、当事者のモラルや良識の構築を支援できるかもしれません。

あるものの見方を貫くためには、**意志**が必要です。意志は思考ではなく行動によって身につくものです。人は行動すると気づきが生まれます。意志が強まると自信を持つことができます。

（3）頑張りすぎないこと

支援者は無理をしないようにします。例えば、何もかも一人で抱えようとはしないことが大切です。できないことはできない、わからないことはわからないと率直に伝えましょう。

できないことを望まれたときは、「他に手伝えることはありますか？」と質問します。「ない」ということならば、他の支援者や支援機関を紹介しましょう。他の支援者を紹介することを**リファー**といい、重要な支援の1つです。

また、当事者の話がわからなければ、「もう一度教えてもらえますか？」と聞き直すことも必要です。

さらに、支援者と当事者とのやり取りの中で、当事者が沈黙したら、支援者が無理に会話を続けようとして話し続けたりせずに、しばらく待つことも大切です。例えば、沈黙は当事者に自問自答が起きているのかもしれません。あるいは、説明する言葉を頭の中で一生懸命探しているのかもしれません。そうであれば、支援者が全ての答えを出そうとするのではなく、当事者自身の答えを待つことにも意味があります。

支援の基本は、「がんばるべきは支援者ではなく、当事者である」ということです。支援者は基本となる原則は教えますが、行動や思考の細部は当事者が考えるべきこととします。

（4）期待し過ぎない

そして、支援者は当事者に過剰な期待を持たないことも重要です。当事者は自分から動けないこともあります。そうしたときには、支援者に怒りが生まれることもあります。しかし、当事者が動かなかったり工夫できなかったりする理由は様々です。当事者の能力以上のことを求めるなど、支援者の期待が過剰でなかったかを吟味してみることも重要です。

（5）ワンダウン・ポジション

支援者ががんばり過ぎないことの一例に、**ワンダウン・ポジション**という技法があります。これは、相手よりも一段下の姿勢を取ることです。例えば、当事者が話すことを、支援者はほとんど知らない場合は、「教えてください」と頼んだり、大きな問題を取り扱うことになったら「大変です」と率直に言ってみたりすることです。

支援者が専門家や上司などとしてのプライドにこだわって、当事者よりも上位であり続けようとするとうまくいきません。亀口(2006)は、ワンダウン・ポジションを柔道の受け身に例えています。支援者は、当事者に反撃したり押し返したりせずに、一旦受け止めて上手に転ぶことを目指すということです。

支援者のこうした姿勢を見ていると、当事者は支援者に過剰にかしこまることが減ったり、失敗を恐れなくなったりします。

（6）リーダーシップについて

支援者は、当事者が目指すゴールに向かって導くことが求められます。つまり、支援者にはリーダーとしてのスキルやリーダーシップも必要です。リーダーシップは、指導や意思決定の機能と緊張や対立の緩和やケアをする機能の2つに分けられます（例えば、三隅二不二のPM理論）。

優秀なリーダーは、両方の機能を持っていると考えられています。支援者は当事者を受容するだけではなく、ときには選択と決断を示すことや、正しい方法を提案することも必要と考えられます。

例えば、支援には、当事者の前に立って先陣を切る方法があります。一方で、当事者の主体性を重視して後ろから見守り、大きな間違いがあったときにだけ声をかける方法もあります。

1.4 コミュニケーションの工夫

（1）コミュニケーションとは

面接とは、当事者と支援者のやり取りを基盤にして行われます。このやり取りをコミュニケーションといいます。つまり、適切な面接は、適切なコミュニケーションに基づいて行われています。

コミュニケーションは、相手のメッセージを**受信**することと、自分のメッセージを**発信**することから成り立っています。支援を進めるときには、相手のメッセージをきちんと受け止めるとともに、相手に自分の伝えたいことをきちんと発することも大切です。例えば、どんなに素晴らしい話の内容でも、わかりにくい表現やまわりくどい言い方では、うまく伝わりません。

（2）当事者のメッセージを受信する

支援者は、当事者が伝えようとしていること（訴えていること）を、できるだけ正確に受け取らなければいけません。

このためには、当事者の話をよく聴くことと、当事者の様子をよく観察することが必要です。支援者はあらゆる方面の知識を持っていなくても、当事者のすべてを知らなくても大丈夫です。大切なのは、できるだけ推測をせずに当事者の話を聴く力を持つことです。カウンセリングの技法として有名な**傾聴**は、そのためのスキルの1つです。傾聴によって、支援者が当事者に関心があることを示すこともできます。

（3）支援者からメッセージを発信する

支援者は、コミュニケーションにおいて当事者のメッセージをきちんと受け取ると同時に、そのメッセージを了解できたか否かを、当事者に明確に伝えなければいけません。つまり、支援者は、当事者が話したことに対して、当事者にフィードバックを行う必要があります。フィードバックがあると、当事者は自分のことを受け入れられたと感じたり、ものの見方が広がったりします。

適切なフィードバックを行うために心掛けることは、「適切な表現方法」と「適度な自己開示」の2つです。この2つを支援者が心掛けることがより良い支援につながるとともに、支援者が手本になって適切なメッセージの発信方法を当事者に教えていくという支援にもなります。

（4）メッセージにこめられた感情の取り扱い方

1）思考レベルと感情レベルのメッセージ

コミュニケーションの中で、相手と伝え合うメッセージには、**思考レベル**と**感情レベル**があります。思考レベルのメッセージは、話の内容そのものであり、何を言うか吟味しながら発信されることが多いものです。一方、感情レベルのメッセージは、自分でも気づかないうちに無自覚に発信されることが多いものです。感情レベルでは、特に怒りの取り扱いが大切です。

思考レベルのメッセージと感情レベルのメッセージに不一致が見られると、混乱が起こります。当事者のメッセージに不一致が見られれば、それが当事者のパターンであり、抱えている問題の背景かもしれません。そこで、こうしたメッセージの不一致に介入していくことが支援の1つになります。

一方、支援者のメッセージに不一致があると、当事者は混乱して、支援をスムーズに受け入れられなくなります。支援者は、面接の中で自分に湧いてくる感情を吟味して、よく気づいていなければいけません。

2）感情が湧く理由

面接や指導の最中に、怒りや悲しみという感情が湧いてくる場合、過去の体験が影響していることがあります。つまり、今ここにいる支援者と当事者との間ではなく、過去に自分の身近な人との間で体験した出来事ややり取りを再体験しています。こうした体験は、**修正感情体験**や**転移／逆転移**ということもあります。

当事者および支援者は、自分の中の**怒り**に気づく必要があります。そして、自分の怒りの理由を吟味して、ケアをする必要があります。怒りが表に出る理由には、例えば、「自分は大事にされていない」という気持ちを持っていたり、**自尊感情**が低かったりすることが考えられます。

湧いてくる感情に気づいて対処するためには、当事者も支援者も過去の問題に目を向ける必要があります。

3）怒りが生まれると

怒りは、言葉より態度などの非言語的メッセージに表れやすいものです。そして、怒りは自分や他者を責めることにつながり、トラブルのもとになります。自分への怒りは無力感につながり、他者への怒りはクレームなどの攻撃につながります。

怒りには、このようなネガティブな面だけでなく、ポジティブな面もあります。例えば、怒りは行動へのエネルギーになります。また、怒りは期待を持っていることの裏返しでもあります。

以上のような怒りが生む特徴を理解することが大切です。

（5）言語的メッセージと非言語的メッセージ

メッセージは、言語的メッセージと非言語的メッセージという分類もできます。

言語的メッセージとは、話の内容です。一方、非言語的メッセージとは、話の伝え方です。一般的には、送受信されるメッセージの中に占める割合は非言語的メッセージの方が大きいとされています。非言語的メッセージで伝えられる情報は、メッセージ全体の7割から9割以上を占めるという研究結果もあります。

非言語的メッセージは、例えば次の7種類に分けられます。

1）身体

身振りや手振りなどです。特に、相手に伝えたいことを話しているときや、感情が高ぶったときに大きくなります。

2）顔

表情、視線の方向、うなずき、首の横振りなどです。表情には無意識に感情が表れやすく、視線は目と目を合わせることがコミュニケーションの基本になります。このため、表情や視線の様子からは、多くのメッセージを読み取ることができます。

また、うなずきは相手への共感を、首の横振りは拒絶を、それぞれ伝えることができます。

3）空間

相手との距離や相手と相対する角度などです。1.2節で説明したように、相手との距離や向き合い方は、親しさの度合いや関係を明らかにします。

4）姿勢

胸を張ることや、腕を組むことなどです。他の非言語コミュニケーションに比べると動きが小さなものですが、これだけでも示威、受容、拒否などが表されます。

5）服装や容姿

着ている服、髪形や化粧などです。その人の価値観や社会的態度などを明確に表します。

6）身体接触

身体に触る、抱きしめる、握手するなどです。これらは、言葉を獲得していない乳児の頃から、おもに養育者との間で行う根源的コミュニケーションです。このため、身体接触をある程度の年齢になってから行うということは、子ども返り（退行）、ガサツ、よほど親しい関係、甘えなどを表します。

7）音声

声の大きさ、抑揚、速さ、タイミングなどです。声の出し方だけでも、元気の有無、話している内容への思い入れなどが含まれています。

話の内容と非言語的メッセージが一致していないときには、話している人が内心では怒っているかもしれない可能性があることに注意します（例：反動形成）。

第2章　見立ての方法

2.1 面接の組み立て方と見立て

（1）面接の組み立て方

面接を始める際には、まず、相談に訪れた当事者を見立てる必要があります。**見立て**は、現状や今後の見通しなどを把握することです。見立てには情報が必要です。支援者が集めた情報によって、提供できる支援の質や量が変わってきます。そこで、次頁以降で相手の問題を知るための見立ての方法やそれに必要なものを説明していきます。

見立てを行ったうえで戦略を立てます。戦略は支援全体の方向性を指します。例えば、支援を行うことで当事者にどんな変化が起こるのか、何が得られるのか、どのくらいの支援期間が必要なのかなどという**ゴール設定**を行います。

戦略が決まったら戦術を決めます。戦術は1回の面接の中や数回の面接の中で行う介入の内容です。戦略に合わせて内容が変わります。

最後に、戦術に合った技法を選びます。例えば、心理療法では学派ごと用いられる技法に違いがあります。以上をまとめると、図2. 1のように示すことができます。

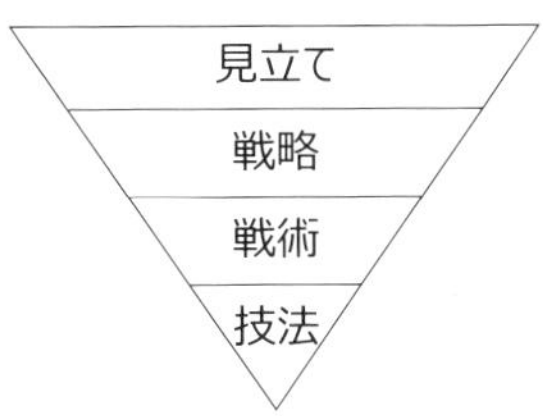

図2.1　面接の組み立て方（国谷, 1993を参考に）

（2）見立てに必要なもの

見立てとは相手をよく知るために行うものです。このためには、**観察**と**質問**が必要です。まず、観察することによって相手の今の状態を知ることができます。そして、質問することによって相手が何に困っているかを知ることができます。

例えば、観察によって、当事者の緊張や面接へのモチベーションの高さなどを知ることができます。そして、質問によって、困っている内容がどのようなものか、いつのことか、誰のことか、どこでのことかなどを知ることができます。このように、見立ては観察することから始まります。

見立てに使える情報は、面接開始前の申し込みのときの電話、メール、問い合わせフォーム、申し込み用紙などで語られたことや記入されたことの中にもあります。

2.2 観察の方法

（1）観察の効果

観察により当事者が発信する非言語的メッセージを知ることができます。1.4節で説明したとおり、人はコミュニケーションの多くを非言語的コミュニケーションで行っています。このため、言語的コミュニケーション（話の内容）だけでなく、非言語的コミュニケーション（話の仕方）にも気を配る必要があります。つまり、観察力でも支援者の力量が試されます。

話の仕方とは、表情、視線、身振り、姿勢、服装、容姿、距離、声の大きさ・高さ・速さなどです（1.4節参照）。例えば、当事者が「はい」と返事しながらこちらの目を見たか否かを注意する必要があります。当事者が目を閉じていたり下を向いていたりしたら、支援者の話に同意していないという意思表示をしているのかもしれません。

（2）観察と座り方

上手に観察をするためには、当事者がきちんと見えるように座る必要があります。第1章の図1.2と図1.3で示した**座り方**や**パーソナルスペース**などの対人距離を意識して、当事者に圧迫感を与えずに、当事者の全身を観察できるように座る必要があります。

例えば、並んで座ると、相手との距離は近づきますが、相手の様子を観察しづらくなります。また、テーブルをはさんで座ると、その分だけ当事者との間に距離を取ることができます。しかし、テーブルに隠れて当事者の全身像が把握できない可能性があります。

（3）観察したことを伝える

支援者は観察して気づいたことを、そのとおりに当事者に伝えて（フィードバックして）みるという方法があります。フィードバックしたことが、当事者に自覚があることならば、「わかってくれた！」と思われるでしょう。一方、当事者に自覚がないことならば、当事者に新たな気づきが生まれるきっかけになるかもしれません。

もし、観察して思い浮かんだことに確信が持てなければ、「推測ですが、○○ではありませんか？」という聞き方をして、当事者に確認すれば良いと思います。確認せずに「きっとこういうことなのだろう」と決めつけるよりは、有益なことではないでしょうか。

支援者の身体はアンテナです。面接中に感じたことがあれば、支援者自身の感度を信じて、当事者に質問してみましょう。

エクササイズ３：観察したことをフィードバックする

支援者は当事者を観察して感じたことを味わってみます。その結果、支援者の身体に何か反応が起きるかもしれません。その反応を当事者に伝えてみます。

例えば、「お話を伺っていると、○○と感じました」というようにフィードバックします。

2.3 質問の方法

（1）支援を受けるモチベーションを測る質問

支援者が当事者に初めに行う質問だけでも、面接の方向性が決まっていきます。また、その言葉かけへの当事者の反応で、当事者の面接へのモチベーション（やる気）を見立てることもできます。例えば、アメリカの心理臨床家のマーカスは、当事者の「**問題への気づき**」と「**変化する意志**」の有無から、表2.1のように当事者のやる気を3つのレベルに分類しています（堀之内, 2004)。

表2.1　当事者の支援を受けるモチベーションのレベル

レベル	問題への気づき	変化する意志
自己成長レベル	○	○
現状維持レベル	○	×
保護レベル	×	×

当事者のレベルは、次の3つの質問にどのくらい明確に回答できるかによって測ることができます。

① 質問1：「困っていることは何ですか？」

初めの質問では、「困っていることは何ですか？」と聞いてみましょう。

これに答えることができれば、自分の問題に気づいている（気づきがある）ので、**自己成長レベル**か**現状維持レベル**といえます。

② 質問2：「知りたいことは何ですか？」

質問1「困っていることは何ですか？」に明確に答えがあった場合は、❶「知りたいことは何ですか？」あるいは ❷「取り組みたいことは何ですか？」と質問してみましょう。

この質問に明確な回答があれば、現状を変えるためにチャレンジをする気持ちがある、つまり「変化する意志」があるととらえられるので、**自己成長レベル**といえます。

反対に、明確な回答がなければ、「変化する意志」が弱いととらえて**現状維持レベル**とみなします。

③ 質問3：「相談に来た理由は？」

質問1「困っていることは何ですか？」に明確に回答ができない場合は、「問題への気づき」がない可能性を疑います。この場合は「相談に来た理由は？」という質問を行います。この回答にも明確に答えられない場合は、「問題への気づき」も「変化する意思」もなく、**保護レベル**ということになります。例えば、子どもが不登校の保護者が、「担任の先生が行けと言うから来たんです」という言い方をするようなケースです。

④ 追加の質問：「そのことについての情報をください」

この質問は、当事者の話をさらに明確化していくものです。例えば、「夫の態度に不満があります」という発言であれば、当事者が具体的にどのような場面を想定しながら不満を話しているのかを吟味していきます。

この質問は、質問1～3すべてに使うことができます。図2.2にまとめたように、3つの質問を使って当事者のレベル（支援を受ける動機づけの高さ）を見立てていきます。

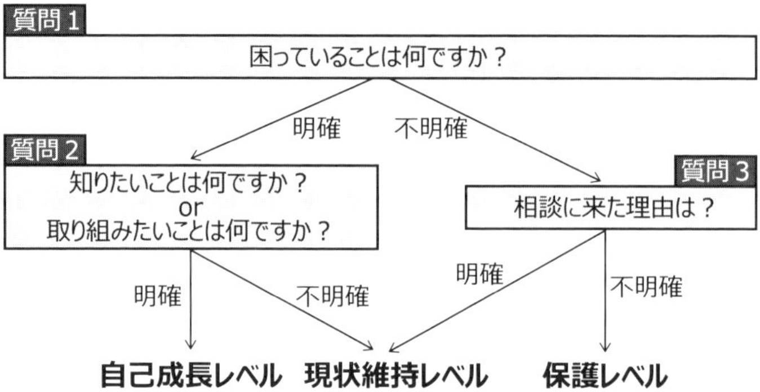

図2.2　モチベーションを見立てる3つの質問

（２）問題の背景を見立てる視点

問題への気づきと変化する意志以外にも、当事者を見立てる視点はあります。例えば、問題が存在する時間軸や当事者の役割などが考えられます。それぞれどの部分の問題かによって、対応方法が変わってきます。

そこで、問題の見立て方の例をいくつか紹介します。

１）いつの問題で困っているのか

当事者の問題が“過去－現在－未来”のどこのものか見立てることも、支援の種類を選ぶうえで重要なテーマです。

まず、**過去の問題**で困っている場合、かつて経験した出来事が、現在にも影響を与えています。抑圧した**トラウマ**があるとか、**未完結のわだかまり**があるととらえます。例えば、幼少期に親から厳しい養育を受けた経験から、大人になってからも親の前に出ると動揺する、あるいは親と同年代の人に対応するときに緊張するということです。

次に、**現在の問題**は、今この時点で体験した出来事によって、大きなショックやストレスを感じている状態です。例えば、事件や事故の被害や目撃、暴力や暴言を受けるなどが考えられます。

最後に、**未来の問題**は、先々のことが心配で選択ができなかったり行動が止まったりしている状態です。**予期不安**ということもあります。

2）DoingレベルとBeingレベルという視点

人は、Doing、Being、Having という3つのレベルによって成り立っているという考え方があります（図2.3参照）。

Doingレベル：仕事や勉強などある種の生産活動
Beingレベル：自分自身の存在の確かさ
Havingレベル：利益や成果。DoingレベルとBeingレベルに支えられて生まれる

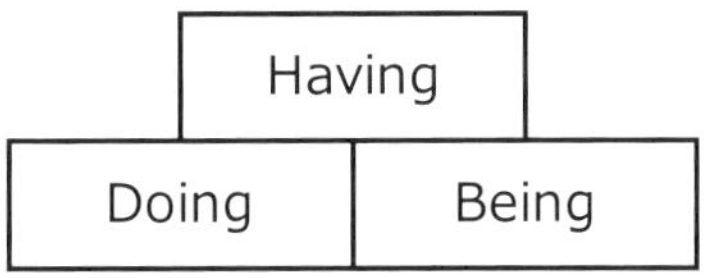

図2.3　人を成り立たせる3つの要素

3つのレベルがバランスよく満たされていることが理想ですが、そうなっていない当事者もいます。このバランスが悪いと、がんばっているのに気持ちが満足できないということが起こります。特に、Beingレベルの不満足は大きな問題を生みかねません。

例えば、仕事や勉強をがんばってきて、大きな収益や志望校合格のように、望んだ成果を得られたとします。それにもかかわらず、「家庭や友人グループの中で居場所がない」「何かが満たされない」という体験をする人がいます。この状態は、DoingレベルでがんばってHavingレベルで得るものがあったけれども、Beingレベルが満たされていないと見立てることができます。

3）立場の違い

同じ組織の中でも、立場による視点の違いがあります。例えば、上司（リーダー）は未来のビジョンを考えているときに、部下（フォロワー）は今日の仕事をどう乗り切るかということを考えているかもしれません。また、採用のときに、経営者（リーダー）は将来の戦力を求めても、現場のスタッフ（フォロワー）は即戦力を必要としているかもしれません。

つまり、当事者の立場や役割が、リーダーかフォロワーかによっても、もののの見方が異なるので、有効な支援は変わります。

フォロワーの経験しかない人は、リーダーがメンバーたちの不満や要求を取りまとめたり、落としどころを探ったりする苦労はわかりづらいかもしれません。一方、リーダーの経験しかない人は、前の学校や職場ではリーダーでも、新しく入ったばかりの組織では、思うことがあってもリーダーが言うことを聞かなければならない場合、主張できないことに戸惑うかもしれません。

このように、組織が変わって自分が体験したことがない役割を担うことになったときに生じるギャップ体験を理解すると、支援者の言葉かけに変化が生まれます。

2.4 わからなかったら確認してみる

（1）当事者の役に立っているのか

支援者は本当に当事者の役に立っているのか、気になることもあるでしょう。その場合には、率直に当事者に確認してみることも大切です。例えば、支援者が「自分に何ができるのか」を、当事者に聞いてからお手伝いすることも良いでしょう。これは、当事者の問題を**明確化**する作業でもあります。

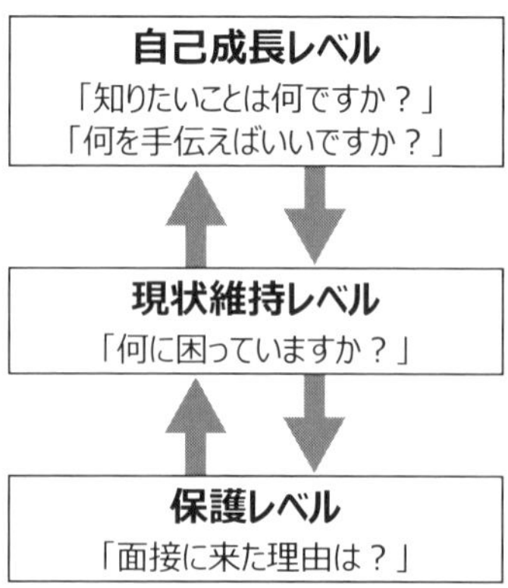

図 2.4　当事者のレベルに応じた質問の例

確認の質問への回答が不明確であれば、質問を変えてみれば良いでしょう。具体的には、2.3節で説明した方法を用います。例えば、「知りたいことは何ですか？」から「何に困っていますか？」というように、自己成長のレベルへの質問から現状維持レベルのレベルに下げても良いでしょう。また、「面接に来た理由は？」という保護レベルの質問への回答が明確で主訴もはっきりしていそうならば、現状維持レベルに上げていっても良いでしょう。

（2）急がずに焦点を絞る

問題の焦点が絞られないうちは、面接を先に進めないようにします。例えば、焦点が絞られていなくても、支援者が自分の経験に基づいて、「きっとこういうことだろう」と先読みしてしまうことがあります。これは、経験者ほど陥りやすい落とし穴です。そこにはまると、当事者と支援者の間のズレが広がってしまいます。

ここでいう焦点の絞り方は、次の第3章の明確化で詳しく説明します。

2.5 記録を取る際の注意点

（1）記録を取るデメリット

面接で記録を取ることには、その立場によっていろいろな意見があります。

記録を取ろうとするとノートやパソコンに目がいき、当事者から視線が外れます。視線が外れると、アイコンタクトができなかったり、非言語的メッセージを観察できなくなったりします。このようなデメリットを考慮しながら記録を取る必要があります。

記録を取ることに集中すると、自分を大事にしてもらえていないと当事者が思う可能性があります。一方で、メモも取らないで聞き続けていると、記録を取る価値もない話なのかと思う当事者もいるかもしれません(岡野、2012)。

（２）記録を取るメリット

しかし、全く記録を取らずに面接を進めて、後で面接を再現しようとしても難しいものです。また、岡野(2012)は、記録を取りながら話を聴くと集中力を保ちやすいとも指摘しています。これらのことから、面接中にある程度の記録を残すことは必要かもしれません。

とはいえ、面接の初めから終わりまで逐一記録を残す必要があるかは、疑問が残ります。

（３）最善の記録方法

以上のようなメリットとデメリットを踏まえて面接時の記録の取り方をどうすればよいか考えてみます。すると、当事者の話の中で大切だと判断した部分について、「大切なお話しなのでメモを取らせてください」などと当事者に断ったうえで、必要最低限の記録を取ることが最善なのではないかと考えられます。そして、記録を取りながらも、アイコンタクトや観察も忘れないようにします。

さらに、記録の内容は当事者に見られても問題がないようなものにします。場合によっては、記録の内容を当事者に見せて確認してもらう、共同作業的な記録の取り方にしても良いかもしれません。そうすれば、信頼関係を損なうことなく、支援に必要な情報を残すことができるものと考えられます。

第3章　面接技法の基礎

3.1 面接の基本的な進め方

マーカスは、心理面接の基本的な進め方を次のように説明しています(Marcus, 1990)。

① 当事者とペースを合わせる。
② 当事者の話を明確化してニーズをより具体的にする。
③ 当事者に十分なエネルギーがなければ、ねぎらいでエネルギーを充填する。
④ ①～③のあと、当事者と面接で何に取り組むかを約束（契約）して、専門的な介入を行う。

つまり、面接は**ペース合わせ**、**明確化**、**契約**、**介入**から成り立っていると考えられています(図3.1参照)。

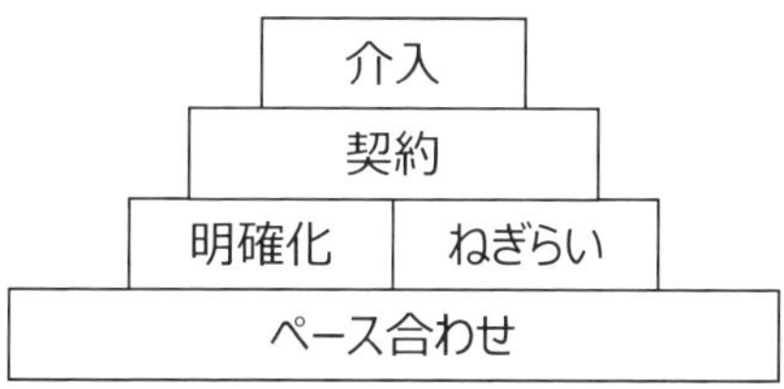

図3.1　心理面接の基本的な進め方

（1）ペース合わせ

ペース合わせとは、当事者のペースに合わせて話を聴いていくことです。例えば、**傾聴**はペース合わせのスキルの1つです。他に当事者の話を**繰り返し**たり、**要約**したりすることもあります。

このような言語的メッセージへのペース合わせだけではなく、声の様子や身振りのような非言語的メッセージへのペース合わせもあります。例えば、観察で得た情報をそのまま当事者に伝えるという方法もあります。

（2）明確化

明確化は、あいまいな話をより具体的な場面の説明まで絞り込んでいく作業です。例えば、**「その話の中で一番重要なことは何ですか？」**と、当事者の話を1つに絞り込むような言葉かけが考えられます。明確化によって、支援者は情報を得られ、より正確な判断をすることができるようになります。また、支援者の質問によって、当事者は自分が気づいていなかったことに気づくことができます。

さらに、ある事実を思い出すと、それに対する感情も湧き上がってきます。その感情は言葉ではなく態度に表れることもあります。支援者が当事者の態度を上手にフィードバックすると、当事者がそれまで気づいていなかった自分に気づくことができます。

つまり、明確化には、情報収集によって事実を確認する効果と、当事者の気づきを高める効果とがあります。

（3）ねぎらい

ペース合わせと明確化がうまく進まないことがあります。その際に有効な技法が**ねぎらい**です。ねぎらいの前提は、「当事者は自分なりに工夫して努力をしてきている人である」ということです。支援者は当事者の工夫や努力に**敬意**を表します。そのうえで、**「より良い方法を一緒に考えてみませんか？」**という姿勢で接します。

つまり、ねぎらいには当事者の持つ力を明確にすることと、当事者を勇気づける効果があります。

コラム：「ねぎらい」と「ほめる」との違い

ほめるとは、目上が目下にかける言葉です。おもに、成果を上げたときにかけられます。一方、ねぎらいは、対等な立場でかける言葉です。成果にかかわらず、途中経過や努力もねぎらいの対象になります。

親から子へ、教員から児童・生徒へほめることは、間違った対応ではありません。しかし、先輩から後輩へ、上司から部下へなどの言葉かけがうまく伝わらない場合には、「ほめる」のではなく「ねぎらい」を心がけると相手の心に届くかもしれません。

（4）3つの技法の効果

当事者が訴えること（主訴）には、支援者の価値観や客観的な見方では納得できないものもあるでしょう。その場合でも、主訴を頭から否定せずに、まずは受け止めてみます。これが**ペース合わせ**です。

そして、明確化とねぎらいには、当事者のモチベーションのレベルに変化を与える力があります(図3. 2参照)。

まず、**明確化**を行うと「**問題への気づき**」が強まります。現状維持レベルの人に効果的な明確化の質問を行うと、問題への気づきが強まり、「**変化する意志**」にも影響を与えます。この結果、**自己成長レベル**に上がります。

次に、**ねぎらい**は当事者の心のエネルギーを高めます。心のエネルギーが高まると、問題に目を向ける力が生まれます。この結果、問題への気づきが生まれると、当事者が**保護レベル**から**現状維持レベル**に上がります。

レベル	問題への気づき	変化する意志
自己成長レベル	○	○
現状維持レベル	○	×
保護レベル	×	×

明確化の効果
ねぎらいの効果

図3.2　当事者のモチベーションのレベルとねぎらい・明確化の効果

次に、各技法の具体的な内容を説明していきます。

3.2 ペース合わせについて

（1）ペース合わせとは

まずは、当事者が発信するメッセージにペースを合わせてみます。このことで、当事者に「**あなたのことをわかろうとしていますよ**」というメッセージを送ることになります。そして、これを繰り返しているうちに、支援者の熱意や共感が当事者に伝わったり、支援者が当事者の気持ちをわかるようになったりします。

1）ペース合わせの例：傾聴

ペース合わせの例に、**傾聴**という技法があります。傾聴とは、支援者が当事者の話を全身で注意を集中して聴くことで、支援者がとるべき最も基本的かつ重要な態度の1つとされています(楡木, 1999)。傾聴の際には、受身的にただ話を聞くだけではなく、あいづちを入れたり、当事者の話の中で重要な語句や感情を表す言葉を繰り返したりします。ロジャーズによる**クライエント中心療法**では、これを**積極的傾聴**としました。

2）ペース合わせが必要な理由

ペース合わせは、当事者との信頼関係を築くために必要です。当事者は、支援者のことを十分に信頼できていないと、なかなか本当のことを話せません。また、当事者自身が本当のことに気づいていない場合もあります。このため、支援者は当事者に質問をしますが、まずペース合わせで信頼関係を作っておかないと、当事者が支援者の質問に圧迫感を覚える恐れがあります。

つまり、ペース合わせは、自分のことを話せるようにするための手がかりになり、他の技法のベースになります。

（2）言語的メッセージと非言語的メッセージへのペース合わせ

1）クライエントの2つのメッセージ

1.4節の（5）で説明した通り、当事者のメッセージには2種類あります。

1つは、言語的メッセージで、話の内容のことです。もう1つは、非言語的メッセージで、話の仕方のことです。このメッセージは多様で、例えば、身振り、手振り、姿勢、声の高さ、話の速さ、声の大きさなどがあげられます(表3.1参照)。

表3.1　非言語的メッセージの種類

種 類	例
身 体	身振りや手振り
顔	表情、視線の方向、うなずき、首の横ふり
空 間	相手との距離や角度
姿 勢	胸を張る、腕を組む
服装、容姿	着ている服、髪型や化粧
身体接触	身体を触る、抱きしめる、握手
音 声	声の大きさ、抑揚、速さ、タイミング

以下で、言語と非言語という2種類のメッセージに対するペース合わせについて説明していきます。

2）言語的メッセージのペース合わせ

当事者が話した言葉の内容に関心を向けます。そして、それを理解していることを示すため、話された内容を言葉にして当事者にフィードバックをします。

①　繰り返しと要約

当事者へのフィードバックのために、当事者の話をそのまま返す「**繰り返し**」や、当事者の話をある程度まとめて返す「**要約**」などを行います。初めは繰り返しで良いのですが、しだいに当事者が言ったことを要約するようにします。そうすると、「この支援者は話をきちんと聴いてくれている」と思われます。

さらに、話が長い当事者の場合には、適宜話の途中で、**「○○さんが言いたいことは、△△ということですか？」**というように、要約を入れます。

②　要約を伝えるコツ

話を遮るのは苦手という人は、当事者の呼吸に注目します。人はどれだけ話し続けていても、どこかで必ず息継ぎをします。息を吸うタイミングを見計らって要約を入れます。このタイミングをつかむためには、当事者をよく観察することです。

例えば、当事者のしぐさをよく観察して簡単に真似をする**ミラーリング**という技法を行うと、息継ぎのタイミングを計りやすくなります。

3）非言語的メッセージのペース合わせ

当事者の話を聞きながら、見たこと、聞いたこと、感じたことを**フィードバック**してみます。このとき、当事者の話の内容ではなく、話の仕方（言い方など）に注目して、そこで気がついたことを当事者に伝えていきます。

①　目で見たことへのフィードバック

当事者の視線やしぐさなど、支援者が見たことをその通りにフィードバックします。例えば、「下を向いていますね」「左手が動いていますね」というような声をかけます。

②　耳で聞いたことへのフィードバック

当事者の声のトーン、速さ、息遣いなど、支援者が聞こえたことをその通りにフィードバックします。例えば、「先ほどより声が小さく聞こえます」「早く話しているように聞こえます」というような声をかけます。

③　身体で感じたことへのフィードバック

当事者の話を聴いているうちに支援者の身体に湧いてくる感覚があります。これを**身体感覚**といいます。例えば、胃の痛み、肩の重み、頭が締めつけられる感覚などです。

この身体感覚に気を配って、感じたことを当事者に「お話を伺っているうちに、○○と感じました」などと投げかけてみます。当事者の身体にも同じ感覚があると、当事者は「わかってもらえている」と感じるでしょうし、支援者は当事者について、より深い共感的理解を得られます。

例えば、支援者は話をしながら緊張したら、当事者も緊張しているかもしれないと考えてみます。相手も緊張しているようならば、支援者が感じている身体の感覚（「左肩が重い」「胃が痛い」など）を当事者にフィードバックしてみます。もし当たっていれば、当事者との信頼関係を強めるきっかけになります。

つまり、身体感覚へのフィードバックとは、「相手の身になる」ことです。

④ まとめ

非言語的メッセージへのフィードバックをまとめると、例えば次のような言葉をかけることになります。

❶ 身振り・手振り：身体を大きく動かしている →「大事な話なのですね」
❷ 視線：視線が落ちている →「お疲れのようですね」
❸ 姿勢：肩が落ちている →「がっかりしているように見えます」
❹ 声：早口 →「急いで伝えようとしていますね」

（3）ペース合わせのポイント

傾聴、うなずき、アイコンタクトなどは、**「あなたの話をわかっていますよ」**というサインになります。特に、アイコンタクトだけでも、相手とのコミュニケーションが強まります。

上手なペース合わせとは、支援者が当事者の話を聴いて感じたことを、率直に伝えることです。確信が持てないときには、**「推測ですが、○○と思いました」**と「推測」という言葉をつけることで、ペース合わせになります。

3.3 明確化について

（1）明確化とは

情報がないと支援はできません。**明確化**とは、当事者から情報を得る作業です。そして、得られた情報に基づいて、問題が何かをより具体的にしていきます。このため、当事者が語る問題を、漠然としたものや、あいまいなままにしておいてはいけません。より具体的で象徴的な一場面を明確に再現してもらう必要があります。

例えば、「夫に不満があります」という訴えだったとしたら、明確化の質問をくり返して、「夫は何か大切なことを決めるときに、私に相談せずに結論だけ言うのです」というところまで焦点を絞りこんでいきます。

（2）質問は支援者と当事者の役に立つ

明確化の技法は、支援者が必要な情報を得ることと、質問により当事者が気づいていない自分自身に気づくことを目的に用います。

質問は支援に必要なことだけを聞くようにします。つまり、根掘り葉掘り聞かないようにします。これは、支援者は専門職とはいっても、当事者にとっては他人だからです。他人に話をするためには、信頼関係が必要です。信頼関係は前の3.2節で説明した「ペース合わせ」によって築いていきます。

質問によって話のあいまいさが無くなると、当事者の世界に入っていくことができます。つまり、質問をすることは、相手に共感して理解を深めていくための作業でもあります。そして、上手な質問は共感的理解を深めます。

（3）明確化の進め方

明確化の質問は、基本的に次の4つの質問を段階的に行っていきます。

質問①：「困っていることは何ですか？」
質問②：「具体的にはどういうことですか？」
質問③：「どうなればいいですか？」
質問④：「他に私が知っておいた方が良いことはありますか？」

質問①は、当事者に問題への気づきがあるかを確認する質問です。この質問への回答が不明確なものであったら、2.3節で説明したように、**「相談に来た理由は何ですか？」**と気づきを促す質問をしてみましょう。

質問②は、問題を象徴するようなより具体的な状況や場面を明確にする質問です。**「例えばどういうことですか？」**という聞き方でも良いでしょう。

質問③は、支援の**ゴールを設定**する質問です。ゴールが不明確では、面接が長引きます。そこで、当事者が支援を通じてどのようになりたいかを確認します。これは、変化する意志を問う質問でもあります。

もし質問③への回答が不明確であったら、2つのことが考えられます。1つ目は、まだ当事者の話が明確になっていない可能性です。この場合は、明確化の質問を続けることです。2つ目は、当事者が変化を恐れて子ども返り（退行）をしている可能性です。この場合は、次節で説明するねぎらいを行います。

質問④は、支援者がわかったつもりになって、自分の枠組みで話を推測してしまうことを防ぐための質問です。当事者の答えが「これ以上ない」ということだったら、当事者の問題を解消するために適切な介入方法を考えて提示します。

（４）質問は4W＋1Hで行う

5W＋1Hという言葉があります。状況を明確にするために、What（何を）、Who（誰が）、Where（どこで）、When（いつ）、Why（なぜ）の5WとHow（どのように）の1Hを質問するということです。明確化の技法では、Whyを除いたWhat、Who、Where、When(4W)とHow(1H)を用いて当事者の話を聴いていきます。

“Why?”と質問しないのは、理由を考えると思考が働くからです。思考は解釈であり、自分の枠組みの中で行われるものです。解釈は、ときに思い込みや不合理な信念に基づいて行われます。また、“Why?”は「原因 → 結果」という直線的な因果関係を想定しています。しかし、原因と結果がはっきりしない問題もあります。これを**円環的因果律**といいます（図3.3参照）。

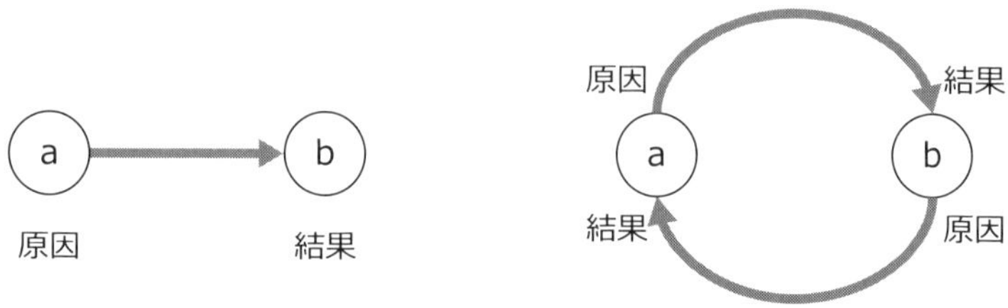

図3.3　直線的因果律と円環的因果律

さらに、当事者自身も理由が説明できないくらい複雑な問題や、問題への気づきがない場合は、「なぜ？」という質問に答えられません。

そこで、真実にたどり着くためには、「何が起きたのか」を事細かに再現させます。このために、4W＋1Hを聞いていきます。

その手法の1つに、次の（５）の１）で説明するビデオ再現法があります。

（５）明確化の技法例

明確化がうまくいかない場合には、質問の仕方に工夫が必要です。例えば、次の技法が考えられます。

１）ビデオ再現法

ビデオ再現法とは、問題になっているある場面を事細かに再現するために、当事者に話し方、姿勢、身振りなどの**非言語的メッセージ**や、その場面を象徴する具体的なやり取り（**言語的コミュニケーション**）などを、一言一句忠実に再現してもらう技法です。

例えば、当事者が「部下とのやり取りで感情的になってしまう」と訴えたとします。支援者は、そのやり取りを象徴する一場面を再現してもらいます。

そのやり取りは言葉の内容はもちろん、当事者と相手の言い方や話すときの位置（例：座り方、顔の向き、距離など）の非言語的なコミュニケーションも明確に再現してもらいます。「再現VTRを演じてください」という言い方でも良いかもしれません。

場面を再現する際には、**4W＋1H**を意識しながら質問していきます。このときに、当事者が口にしない部分を重点的に質問していきます。これによって、支援者は問題が具体的にわかり、当事者は自分自身や相手に起きたこと（おもに感情）に気づくことがあります。つまり、情報収集の意味合いとともに、当事者に新たな体験をさせて、自分の枠組みに変化を与える効果もあります。

2）焦点を絞る質問

①「一番困っていることは何ですか？」

当事者があれこれといろいろ話して、話がまとまらないときには、「その中で一番困っていることは何ですか？」という質問が効果的です。これは、**「話したことに優先順位をつけてください」**というメッセージを送る意味があります。

②「何に気づきましたか？」

「どう思いますか？」という質問よりも、「何にお気づきですか？」という質問の方が効果的です。つまり、単に感想を聞く質問ではなく、思考や感情などに焦点を絞って質問をするということです。

③「今何が起きていますか？」

「今何が起きていますか？」と質問して、相手が気づいていないことを指摘します。これを国谷(1993)は**メタコメント**とよんでいます。メタコメントは他に、「リラックスしていると言いながら、右手がぎゅっとハンカチを握りしめています」「あなたの声は怒っているように聞こえます」などと観察して気づいた当事者の非言語的メッセージを伝える方法もあります。

ただし、メタコメントはラバーテがいう**接近**のようなものなので、当事者に圧迫感を与えることもあります。当事者の様子をよく見立ててから行うようにします。

３）過去の工夫を尋ねる

本節（３）の質問③は未来のことを尋ねるものでした。その質問にうまく答えられなければ、過去のことを尋ねる方法もあります。

例えば、**「以前に同じことはありましたか？」**という質問します。答えが「はい」ならば、**「そのときはどのように乗り越えましたか？」**と質問を続けて、当事者には問題を乗り越える力があることを暗示します。「いいえ」ならば、**「初めてのことならば誰でも戸惑うものです」**と困っている状態は特別なことではないと一般化します。これを**ノーマライゼーション**といいます。

この質問は、次の3.4節で説明する**ねぎらい**の要素も含んだものです。

４）直面化の技法

明確化の中には、問題の核心にズバリと迫る質問の仕方もあります。これを**直面化**といいます。直面化の例は次のとおりです。

当事者　　支援者

当事者　　支援者

この技法は、Yes Butパターンを示す現状維持レベル（2.3節参照）の当事者に有効です。**Yes Butパターン**とは、指示や教示に対して「はい。わかりました」と返事をするけれども、いろいろと理由をつけて、やらなかったり反論したりすることです。

また、ある程度支援が続いて信頼関係がある当事者や、エネルギーがあり変化への取り組みが可能な状態の当事者は、直面化によって状況が動く可能性があります。

直面化の技法は、きつい冷たいニュアンスにならないように注意します。

5）根拠を確認する質問

当事者に話の根拠を質問します。これは当事者の誤った推測や思い込みを排除するためです。例えば、「担任が私を嫌っています」と生徒が訴えたら、**「どういうことでそうわかった（判断した）のですか？」**と質問します。この質問は、当事者の認知（ものの見方）を問うものです。当事者の思考を広げたり深めたりする効果が期待できます。

根拠があいまいであれば、1）で説明した**ビデオ再現法**を用いて、そのように判断した場面を再現してもらい、事実を確認していきます。

6）疑惑の導入

この技法では、当事者が発した言葉の内容と、その言い方とのギャップに注目します。もし言い方に違和感を覚えたら、**「本当ですか？」**などと質問して状況を精査します。この手続きを**疑惑の導入**といいます。疑惑の導入は、情報を精査することや、当事者が問題から目をそむけていること（否認）を明らかにすることに効果的です。当事者が質問に答えなかったりごまかしたりしたら、**「質問の意味がわかりますか？」**などと直面化する働きかけも効果的です。

このように、疑惑の導入という技法は、焦点を絞るために当事者の発言に疑問を投げかけて様子を見るものです。例えば、次頁の図のように行います。

ポイントは、当事者が「はい」と答えたときの**言い方**や**態度**に注目することです。人は話の内容では嘘をつけますが、話の言い方や態度では嘘をつきにくいものです。言い方や態度のような非言語的メッセージと、話の内容である言語的メッセージとのギャップに注目して疑惑の導入を行うと、当事者の本心を見立てることができます。

なお、当事者の中には、支援者に対して「良い子」でいようとして、自分が本当に望むことではなくても、支援者の提案に「はい」と答えてしまう人もいます。こうした場合にも、疑惑の導入は効果的です。

このスキルを使う際には、詰問や事情聴取のように、きつい冷たいニュアンスにならないようにする注意が必要です。具体的には、**ペース合わせ**を意識しながら言葉かけを行います。

もちろん、「はい」と言ったときの言い方や態度に疑問がなければ、当事者は本心を話してくれたとみなして、支援を続けていきます。

（6）まとめ

厳選された質問は、当事者に有益な効果をもたらします。ですから、当事者の反応を恐れて、質問することをためらってはいけません。

面接を4～5回行えば、当事者も面接の構造（時間や質問のされ方など）に慣れて、明確に話をできるようになります。反対に言えば、4～5回面接をしても話が明確にならないと、当事者が面接を行う意味を感じられなくなり、面接の中断につながる恐れがあります。

3.4 ねぎらいについて

（1）ねぎらいとは

相談や指導を行うときには、**「当事者は、自分なりの工夫や努力を続けてきている人である」**という前提に立ち、その努力に敬意を持たなければいけません。この敬意を言葉にして当事者に伝えることを、**ねぎらい**といいます。

つまり、ねぎらいとは、当事者が「私は大丈夫」とか「私はよくやっている」と思うことができるように後押しをする言葉がけのことをいいます。具体的には、支援者ががんばってきたことに、つまり結果ではなくプロセスに対してOKを出します。

そして、**「これからは支援者を含めて、他の人とともにがんばっていきましょう」**という言葉かけをすれば、なお効果的になります。ここでポイントになるのは「人とのつながり」です。例えば、家族以外に友人や恋人などの親しい関係が持てる人がいるほど、「人とのつながり」を感じることができます。

（2）ねぎらいの効果

人はねぎらいを受けると**自尊感情**が高まります。自尊感情とは、自分で自分を愛する気持ちのことです。自尊感情が低いと、心理的問題が発生する可能性を高める恐れがあります。ねぎらいはそのリスクを減らすことができます。特にエネルギーが減退している人に有効な技法です。また、人とのつながりが多いほど、自尊感情が高まります。

（3）ねぎらいの対象例

ねぎらいは、例えば次のような問題がある人に有効です。

うつ状態にある人は、自責の念が強い人です。ねぎらいを受けると、自責の念が弱まります。

発達の問題がある人は、学業・仕事や対人関係で不得意とすることが多くあります。このため、叱られたりからかわれたりすることが多く、自尊感情が低下しています。ねぎらいは、傷ついた自尊感情をケアして高める効果があります。

精神疾患がある人は、独特な感じ方や対応をするために、周りから理解されにくいという特徴があります。このため、ねぎらいにより「わかってもらえた」という気持ちになる効果が期待されます。

ねぎらいとは**精神的報酬**です。報酬はやる気を生みます。やる気はパフォーマンスを向上させます。

（4）ねぎらいの技法例

1）期待を伝える

支援者が当事者に期待していることを伝えるだけでも、ねぎらいになります。他者からの期待は、精神的な報酬になります。

また、ミスの指摘や苦言を呈する際に、ねぎらいを前置きの言葉として使うと、当事者がその話を受け止めやすくなるという効果も期待できます。例えば、**「○○さんには期待しています」**とか、**「○○さんらしくないミスですね」**という言葉かけをしてから本題に入ります。

2）良いところ探し

当事者の話の中から、問題点ではなくうまくいっている部分を探してフィードバックします。これは、当事者は全くの無力ということではなく、できていることもあることを明示するために行います。そして、当事者の取り組みへの敬意を示すことを目指します。

3）プロセスをねぎらう

結果ではなく、当事者が取り組んだプロセスをねぎらいます。例えば、**「勇気を出してよく言ってくれました」**とか、**「気が進まないのに、何とかしたいと思って相談に来てくれたのですね」**などと伝えます。

4）支援者の感情を伝える

当事者の話を聴いて、支援者が感じたことを率直に伝えるという方法があります。例えば、図3.4のように伝えます。

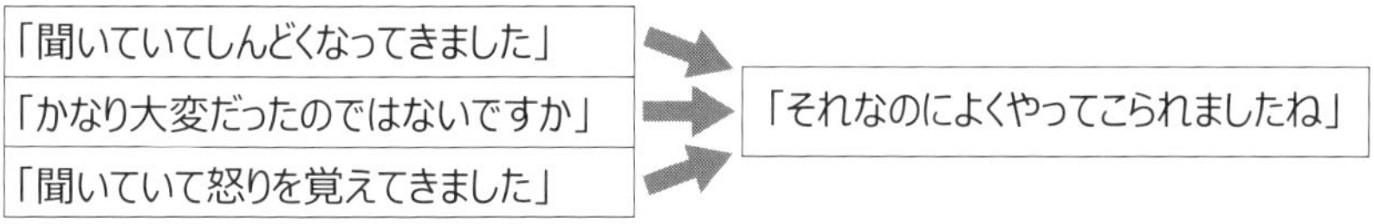

図3.4　支援者の感情を伝える言葉かけの例

ねぎらうと当事者の感情が動きます。つまり、支援者が感じたことをそのまま伝えることも、ねぎらいになります。

5）リフレーミング

リフレーミングとは、当事者の否定的な発言を肯定的に言い直すことです。これは、「事実」に無意識に与えている「意味づけ」を変える技法です。リフレーミングによる意味づけの変換によって、意味に拘束されていた行動に変化が起こることを目指しています（長谷川，1999）。

言い直しが難しい発言には、言葉を少し付け足すことで、否定的なニュアンスを薄めるという方法をとります。これを**部分化**といいます。

例えば、次のような言い方をします。

前頁の図の支援者が付け足した言葉には、次のような意味があります。

- 今は ＝ 将来は変わる可能性がある
- 思う ＝ 思っているが、行動するわけではない
- 辛い気持ち ＝ 感じているが行動はしない

こうした暗示的な言葉かけで、当事者が思っていることを実行しないようにくさびを打ち込んだうえで、「面接の中であなたの気持ちをきちんと聞きますよ」という提案を行います。

6）例外探し

「いつもうまくいかない」「何もうまくいかない」などと語る当事者に、本当にうまくいったことがないのかを上品に確認する技法です。

図3.5のように、「例外的に」「1回でも」「少しでも」という言葉を頭につけて、「うまくいったことはないですか？」と質問します。

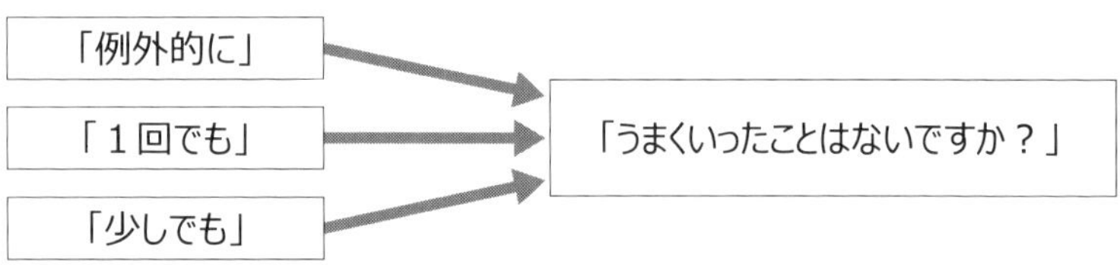

図3.5 例外探しの言葉かけ（例）

（5）ねぎらいがうまくいかない理由

ねぎらいがうまくいかない理由は3つあります。

1つ目は、支援者の**エネルギーの不足**です。支援者が疲れていたり、気持ちに余裕がなかったりすると、当事者をねぎらう言葉が出てきづらくなります。

2つ目は、支援者がねぎらいを口にすることに**慣れていない**ことです。これは、支援者の過去の養育体験や信条体系などが原因です。自分がねぎらいの言葉を受けることに慣れていないと、当事者をねぎらう言葉がなかなか浮かんできません。

3つ目は、支援者が当事者に**怒りを持っている**場合です。精神分析では**逆転移**という言い方をします。例えば、支援者がねぎらいの言葉をかけても、支援者が本心では、**「当事者は全然がんばっていない！」**などと思っている場合は、ねぎらいの言葉がうまく出てこないものです。

いずれの理由とも、支援者は自分自身の中に何が起きているか、自己点検をすることが必要です。

（6）自分がねぎらわれる体験

ねぎらいの言葉を伝えるためには、ねぎらいとはどういうものかを支援者自身が理解しておくことが重要です。そのための方法の1つに、自分がねぎらわれる体験をしてみることがあります。つまり、体験学習をしてみます。

他者をねぎらうことが難しければ、まず自分をねぎらったり、他者からねぎらわれたりする体験をしてみることです。自分がねぎらいを体験してみて感じたことをもとに、どうすれば他者をねぎらえるか、その方法を編み出してみます。

ここでは、グループワークで他者から受けるねぎらいの体験を紹介します(堀之内，2000)。

エクササイズ4：ねぎらいのシャワーを浴びる

ねぎらいのシャワーは、グループワークで行います。1人が他の参加者たちからねぎらいの言葉をかけてもらい、それを受け止めるという方法です。ねぎらいの言葉をかけられて、どのように感じたかをじっくりと味わいます。

また、ねぎらいの言葉をかける参加者も、普段は恥ずかしかったり、とまどったりするかもしれません。しかし、「ねぎらいの言葉をかけてください」という**課題をこなす**という枠組みを与えられると、安心して取り組むことができます。

自分自身や他者へのねぎらいの言葉を口にすることに抵抗を感じる場合には、ねぎらいの言葉を**手紙にまとめる**という方法も有効であると考えられます。

第4章　介入で行うこと

4.1 介入とは

（1）介入の目的

第1章で説明したとおり、相談や指導は、当事者の中に気づきが生まれて、それにより変化が起きることを目的に行います。当事者の気づきを生むために、当事者が自分の知らない自分に気づくことを助けます。

当事者に気づきが生まれたら、自分の行動、思考、感情などを変化させる決断をすることを助けます。図4.1のように、行動と思考と感情はお互いに影響を与え合う関係なので、どこか1つ変えやすいところに手を付ければ、変化が連鎖することが期待されます。

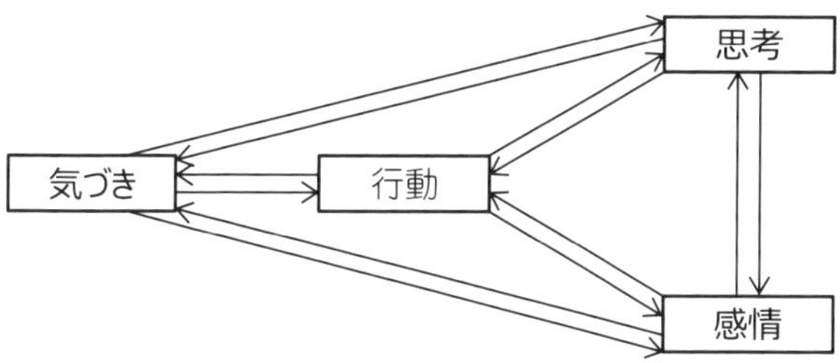

図4.1　気づきの効果（図1.1再掲）

（2）契約を結ぶ

介入の第一歩は、当事者と何に取り組んでいくのかを取り決めて合意を得ることです。この作業を**契約**といいます。

契約は、当事者に「自分が選んだ」という選択の感覚を生みます。そして、人は「約束したことは守りたい」という気持ちを持っています。当事者と契約をする際には、この気持ちを利用して、取り組む内容を宣言させます。当事者自身が口にすると契約の力が強まり、介入を受け入れやすくなります。

もちろん、無理やり言わせるのではなく、取り組むことに納得したうえで、取り組む気持ちを後押しするという意味で宣言させます。

（3）契約時の工夫

契約のポイントは、当事者に「自分で選択した」という意識を持たせることです。仮に、支援者に提案されたことに当事者が取り組まなかったとします。その場合にはやらなかった理由を尋ねたり責めたりするのではなく、**「今回はやらないことを選んだのですね」**とフィードバックすれば、当事者は漠然と行動をしなかったのではなく、何かを選択したという感覚を持つことができます。気づいて意識を持って行動することと、気づきがない無意識的な行動とでは、意味も効果も全く違います。

例えば、支援を受けた経験が少ない人の場合は、約束する内容を丁寧に説明をしてもらうと不安が和らぎます。

しかし、当事者と契約する際には、取り組む内容をすべて説明する必要がない場合があります。例えば、何度も支援を受けた経験がある人や動機づけが自己成長レベルの人には、そうした前置きはなしに、**「取り組んでいただきたいことがあります。よろしいですか？」**という、シンプルかつスピーディな契約で介入を進めることができます。

4.2 介入方法の例

（1）介入の種類

介入の方法には、次の3種類が考えられます。

① 問題が消えるようにする
② 問題はあっても楽に過ごせるようにする
③ 問題が出たときに対応できるようにする

支援者が①を行う方法を知っていれば、その方法をわかりやすく教えることが最善の支援になります。言葉で説明しても伝わらない場合は、支援者が手本を示して当事者にまねをさせる**モデリング技法**が有効です。

一方で、当面は問題をなくすことができない場合には②や③を行い、問題に直面しても耐えることができるように、あるいは問題をやり過ごして時機が来るのを待つことができるような方法を教えることが支援になります。例えば、問題が起きたときに安定感を得られるようにする取り組みが考えられます（例：エクササイズ２の**安定感のワーク**）。

また、第3章で紹介した**リフレーミング**という技法によって、問題のとらえ方が変えられるように思考を変容させることや、問題によって湧いてくる怒りや悲しみという**感情を表現**させる方法が有効なケースもあります。

（２）介入技法の例

ここでは、本節の（1）で紹介した技法のやり方をいくつか紹介します。

1）支援者が手本を見せる

当事者に支援者を観察させてまねをさせる方法です。例えば、人前でうまく話せないという悩みだったら、話し方の手本を示してまねをさせます。

成功のコツは、具体的な課題を提示することです。そして、適度な抵抗感を生む課題を用いると、当事者の動機づけ（やる気）を高めます。課題の難易度は、難しすぎても簡単すぎてもうまくいきません。支援者は、当事者がどの程度のことが達成可能なのか、過不足なく見立てる必要があります。また、課題達成までの期限を設けて、当事者に少しのストレスをかけることも効果的です。

仮に課題を達成できなかったとしたら、**「何が起きたのでしょうか？」**と客観的な事実を確認してみましょう。ここで、できなかった理由を聞くこと（“Why?”の質問）は、当事者は責められているように感じて、やる気が減少します。

2）安定感のワーク

恐怖や不安は身体を緊張させます。そこで、身体の緊張を解くことで恐怖や不安を軽減させる技法があります。

例えば、行動療法の**系統的脱感作**では、まず、身体の緊張を緩める弛緩訓練を行い、弛緩状態を体験・習得させます。そして、弛緩状態に誘導しながら、不安が生じる対象や場面をイメージさせます。

また、**自律訓練法**によって、刺激の少ない場所で注意の集中や自己暗示の練習をして、全身の緊張を緩和する方法もあります。そして、心身の状態を自分でうまく調節できることを目指します。

ここではもう1つ、**マインドフルネス**という方法を紹介します。マインドフルネスは、認知行動療法の技法にもあげられますが（例：マインドフルネス瞑想）、今回は心理療法家トポフが提唱したセンサリーアウェアネスによるマインドフルネスを説明します(Tophoff, 2003)。

トポフはマインドフルネスを、「自分の心と身体で起きていることに、正確にありのままに気づいていること」としています。そして、気づきながらも心と身体を楽な状態に保てるようにします。このために、立っているときや動いているときにも継続的に瞑想的な状態を保ちます。

なお、トポフは、リラックスは気づきがなく力を抜いている「死んでいる」状態と表現し、気づきがありながら「自由でいる」マインドフルネスとは違うものとしています。

3）身体感覚を表現させる

自分の感情をうまく説明できない当事者もいます。その場合には、当事者に対して、話をしているうちに違和感を覚えた身体の部位に注意を向けさせます。違和感が特定できたならば、**「そこ（違和感がある身体の部位）に口があるとしたら、何と言いたいでしょう？」**という質問をします。

例えば**ゲシュタルト療法**では、話をしているときのジェスチャー、話しているときの姿勢や表情のような身体言語、筋肉のこわばりのような身体の様子に注目します(國分, 1990)。そこに注目する手段の1つとして、**「口があったら」**という仮定で抑圧されている心理を表現させます。

4.3 介入を助けるメッセージの伝え方

（1）適切なメッセージの伝え方とは

支援者の質問や助言があいまいだったり冗長だったりすると、当事者が混乱します。このため、支援者は伝えたいことを短い時間で簡潔にまとめて話す必要があります。黙って他者の話を聴いていられるのは、せいぜい2分程度であるという説があります。つまり、長すぎる話には配慮が足りません。一方、短すぎる話は遠慮をし過ぎということになります。

長々と話す人は、自信がない、コミュニケーション・スキルが足りない、「こうあるべき」という思考が優先される、などの可能性があります。ある意味で真面目な人といえるかもしれません。

それらの特徴を理解したうえで、次の（2）で示す技法を当事者に提案するなどの工夫により、適切な表現をできるように支援をします。

こうした工夫を支援者が実施すると、それを体験した当事者が自分のコミュニケーションにも工夫をしようとすることがあります。これは前の4.2節（2）で説明した手本を見せることの実践例といえます。

（2）メッセージの伝え方の工夫

助言したいことを効果的に伝える方法があります。ここではその技法の一例を紹介します。

1）箇条書き風のフィードバック

話をまとめることが苦手な人は、話の始めに**「結論から言うと」**とか、**「これから○個のことをお話しします」**と言ってから話を始めるようにします。そうすると、当事者はどのくらいの話か心構えをしやすく、支援者は話をまとめやすくなります。

そして、伝えたいことを箇条書きのように話していくと、さらに話をまとめやすくなります。例えば次のように話します。

「結論から言うと○○です。理由は3個あります。1．□□□。2．×××。3．△△△。以上です」

2）サンドイッチ・コミュニケーション

問題の指摘や忠告などの**言いにくいこと**を、ねぎらいや賞賛のような支持的なメッセージの間に挟んで伝える方法です。例えば次のように話します。

「○○さんには力があります。しかし、××という課題があります。改善に一緒に取り組みましょう」

つまり、「承認 → 直面化 → 協働」の提案という順番で、直面化による課題の指摘を支持的メッセージの間に挟んで伝えています。

サンドイッチ・コミュニケーションには、言いにくい話を**ねぎらい**の言葉かけ（3.4節で説明）に挟んで伝える方法もあります。

1．ねぎらいの言葉：「○○さんはよくがんばっています」
2．直面化の言葉　：「そのうえで課題があります」
3．ねぎらいの言葉：「一緒に取り組んでいきましょう」

4.4 当事者の動機づけに合わせた介入

（1）動機づけのレベルによる違い

第3章では、「問題への気づき」と「変化する意志」の2点の有無から、当事者の動機づけのレベルを「自己成長レベル」「現状維持レベル」「保護レベル」の3段階に分類しました。当事者の動機づけのレベルをアセスメントしたら、その結果に沿って対応を行うと、介入が効果的なものになります。

まず、「問題への気づき」がない人にアドバイスをしても効果的ではありません。例えば、「面接に行けと言われたから来た」という当事者は、自分の問題への気づきがありませんし、むしろ気づきを恐れています。また、問題への気づきがないと、目標を立てても漠然としてしまい、変化は起こりません。

そこで、問題への気づきのない当事者には、ねぎらいが有効です。ねぎらいは、当事者を包みこむような母性的な対応です。

一方、「問題への気づき」があっても変わらない場合には、「変化する意志」がない可能性があります。変化する意志がない当事者は、変化によって生じる心理的負荷を避けて、現状維持レベルに留まります。

こうした特徴をふまえて、「自己成長レベル」「現状維持レベル」「保護レベル」の3つのレベルには、それぞれ次のように対応します。

（2）動機づけのレベルごとの対応方法例

1）自己成長レベル

自己成長レベルは、問題への気づきと変化する意志の両方があるので、前置きなしに本題に入ります。例えば、**「知りたいことは何ですか？」「何を手伝えば良いですか？」**と質問します。つまり、自己成長レベルの当事者には、あれこれ話を聴かなくて、すぐに**知識**や**スキル**を提供すれば良いのです。

2）現状維持レベル

現状維持レベルは、問題への気づきはあるけれども、変化をためらっています。そこで、変化をすることのメリットや変化しないことにより起こるデメリットなどを、質問によって具体的にしていきます。

例えば、**「何にお困りですか？」**と質問をして、その内容を**「具体的にどういうことですか？」**とか、**「例えばどういうことですか？」**と**明確化**していきます。つまり、支援者は当事者の問題への気づきを強めて、変化する意志が高まるように支援します。

このときに、問題への気づきの程度が強ければ、変化によるメリットを話し合っていきます。一方、問題への気づきの程度が弱ければ、変化しないことから生じるデメリットを話し合っていきます。

3）保護レベル

保護レベルは、問題への気づきも変化する意志もありません。このため、面接へのモチベーションが低く、1回ごとに支援を受けたメリットを感じないと、すぐに面接に来なくなってしまいます。そこで、まずは面接に来たことを**ねぎらい**ます。例えば、**「お忙しいのによく来てくださいました」**とか、**「紹介されたらすぐに動いてくれたのですね」**というような言葉かけを行います。

次に、**「今回面接に来た理由は？」**と主訴（当事者が認知するおもな問題）を確認する質問をします。この質問に答えられないとしたら、思い出したくないことや考えたくないという**抑圧**がある可能性があります。この場合は、**「今までどういう工夫をしてきましたか？」**という質問をしても良いでしょう。どんな当事者でも、何らかの行動や選択はしているはずなので、その一例を思い出してもらう方が答えやすいからです。また、「工夫」という言葉には、当事者はこれまで自分なりの努力をしてきているとねぎらう意図もあります。

保護レベルの当事者には、このようなねぎらいを行うことで**エンパワメント**（力づけ）をしていきます。エンパワメントで当事者にエネルギーが貯まると、問題への気づきが生まれることが期待できます。

4.5 問題の背景に合わせた介入

（1）時間軸に合わせた介入

介入の方法を選ぶ際には、当事者の問題が「過去－現在－未来」のいつに由来するものかということも重要な情報になります。例えば、図4.2にあるように介入方法を選択します。

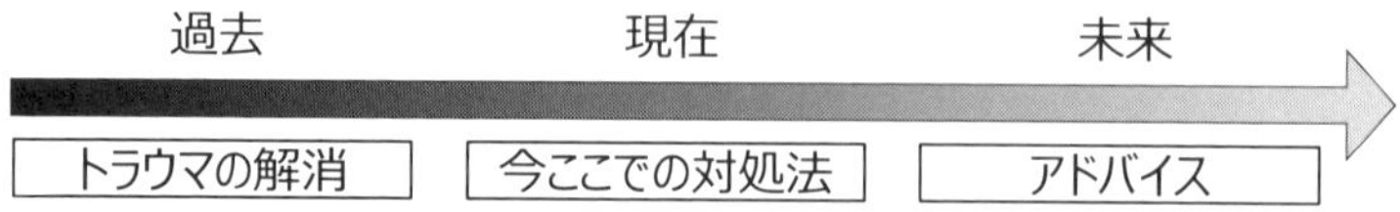

図4.2　時間軸と介入例

1）過去の問題への介入

過去の問題とは、かつて経験した出来事や体験が、トラウマや未完結のわだかまりとして現在にも影響を与えているというものです。

こうした問題への援助には、過去に受けたトラウマを解消するために心理療法を行うことが必要になります。

2）現在の問題への介入

現在の問題とは、過去の経緯は関係なく、「今ここで」「何に」困っているのかということです。

こうした問題には、当事者の話にペースを合わせながら耳を傾けて、語られる問題を明確化する面接を行うことが援助になります。この結果、当事者の気づきが促進されることを期待します。気づきが得られると、自分の力でどのような援助方法を採るか選んでもらうこともできるようになります。

例えば、**リラクゼーション法**を学ばせることで、当事者の不安の解消を先行することなどが考えられます。

3）未来の問題への介入

最後に、**未来の問題**は、例えば進路に迷うことなどが考えられます。この場合、当事者に情報の集め方や勉強の仕方のような具体的な対応方法をアドバイスすることが援助になります。そのときに、当事者のこれまでの取り組みを吟味して、工夫の仕方を助言する方法もあります。

（2）Beingレベルへの介入

1）DoingとHavingとBeingというレベルのバランス

2.3節で説明したように、人は生産活動のDoing、自分自身の存在のBeing、利益や成果のHavingという3つのレベルによって成り立っているという考え方があります。

そして、Beingレベルの不満足は、心理的リスクを発生させる要因になります。

2）Beingレベルを満足させる方法

Beingレベルを満足させるためには、いろいろなことを楽しむことが必要です。例えば、遊ぶことや食べることなどが考えられます。そして、そのように楽しむことを自分に許すことが必要です。このためには、「まじめにしなくては」とか、「遊んではいられない」という価値観から少し自由になることが有効と考えられます。

Beingレベルが満たされると、Doingレベルが活性化されます。この結果、Doingレベルが拡大し、仕事の幅が広がったり、社会貢献を始めたり、つき合う人が増えたりします。

ところが、Beingレベルの問題を抱える人は、「楽しむことを知らない、教えてもらったことがない」、あるいは「楽しんでいる自分を許せない」などと感じることが少なくありません。

このように、楽しむことができない当事者に対しては、例えば次のような支援を行います。

- ➢ これまでの生き方を振り返る洞察をしてもらう
- ➢ 日常生活の中で楽しむ行動を、課題に出して実行してもらう
- ➢ 面接場面という安全な場所で楽しむことを体験してもらう

こうした支援によって、楽しめない自分についての気づきをうながします。

なお、DoingレベルとHavingレベルの問題には、具体的な行動のための知識やスキルを提供することも有効な支援になります。

おわりに

どのような立場で面接をして助言する場合でも、相手との信頼関係が無ければ、相手は話を受け入れてくれないのではないかと考えます。

本書で説明した「ペース合わせ」「明確化」「ねぎらい」は、信頼関係づくりを助ける技法です。ご自分の相談活動や指導のときに、この3つの技法のどれが得意なのか、それとも苦手なのかなどを振り返ると、良い学びになります。そして、本書を読んで使えそうなことがあったら、どれでも良いので使ってみてください。

最後になりますが、いつものように出版までお付き合いくださったムイスリ出版の皆様に感謝いたします。

2024年1月

著者

文献

Hall,E.T.1966 The Hidden Dimension Doubleday Company,Inc.,New York（日高敏隆・佐藤信行訳 1970 かくれた次元 みすず書房）

長谷川啓三 1999 リフレーミング 日本家族心理学会編 家族心理学事典 金子書房, p.292.

堀之内高久 2000 介護者の心のケア 3 悲しみや嘆きのときに NHK 福祉番組取材班編 NHK すこやかシルバー介護 介護の心づかい心のケア 旬報社, pp.120-133.

堀之内高久 2004 介護ストレス解消法 中央法規

亀口憲治編著 2006 心理療法プリマーズ 家族療法 ミネルヴァ書房

國分康孝 1990 カウンセリングの理論 誠信書房

国谷誠朗 1993 カウンセリング上達のために チーム医療

Marcus, E. 1990 Effective Methods for Growth Team Iryo Co. Ltd,. Tokyo（国谷誠朗監訳 1990 成長のための効果的な方法 チーム医療）

楡木満生 1999 傾聴 日本家族心理学会編 家族心理学事典 金子書房, p.106.

岡野憲一郎 2012 心理療法／カウンセリングの 30 の心得 みすず書房

Sommer,R.1969 Personal Space:The Behaviora/Basis of Design Prentice-Hall,Inc., New Jersey（穐山貞登訳 1972 人間の空間－デザインの行動的研究－鹿島出版会）

Tophoff.M 2003 Chan Buddhism:Implications of Awareness and Mindfulness-Training for Manageria/Functioning Cartim bvba,Destelbergen

著者略歴

橋本 和幸（はしもと かずゆき）

2000 年　横浜国立大学教育学部卒業
2002 年　横浜国立大学大学院教育学研究科修了
　地方自治体のスクールカウンセラーや教育相談所相談員、
　了徳寺大学教養教育センター助教等として勤務しながら、
2016 年　東京学芸大学大学院連合学校教育学研究科修了
現在、了徳寺大学教養部教授　博士（教育学）
　他に、臨床心理士、公認心理師、学校心理士
専門は、臨床心理学、教育心理学
（特に、スクールカウンセリングや学生相談について）

近書
「心理学ことはじめ【第 2 版】－教養と対人支援のための 12 章－」
「教育心理学メモランダム」
「専門職のための臨床心理学基礎【第 3 版】」
（いずれも、ムイスリ出版より単著）

2020 年 2 月 27 日　初　版　第 1 刷発行
2024 年 3 月 13 日　第 2 版　第 1 刷発行

相談・指導のための面接技法［第２版］

著　者　橋本和幸　©2024
発行者　橋本豪夫
発行所　ムイスリ出版株式会社

〒169-0075
東京都新宿区高田馬場 4-2-9
Tel.03-3362-9241(代表)　Fax.03-3362-9145
振替 00110-2-102907

イラスト：山手澄香　ISBN978-4-89641-332-8　C3011